VISTA™

Hacer conexiones:
el texto y yo / el texto y otros textos / el texto y el mundo

Haces conexiones al leer cuando algo en esa lectura te hace pensar en una cosa parecida. Puede ser algo que **viviste**, otra cosa que **leíste** o algo que **sabes** del mundo que te rodea.

Frases claves para **hacer conexiones:**

_____ me hace pensar en algo que me pasó. Lo que me pasó fue _____.

_____ me recuerda algo que leí. Lo que leí fue _____.

_____ me hace pensar en algo que sé. Lo que sé es que _____.

En el mercado

Camino al mercado con mamá.

Necesitamos comprar comida.

Me gusta ayudar a mamá a hacer la compra.

—¿Tienes la **lista**? —pregunta mamá.

—¡Sí, aquí tengo la lista! —digo.

Hice una lista de los alimentos
que necesitamos.

—¡No la vayas a perder! —dice mamá.

Al entrar al mercado veo a un hombre alto
y amable que lleva puesto un delantal verde.

Su nombre es Sam. Es el dueño.

—¡Hola, Dany! —dice Sam con su
sonrisa amistosa.

—¡Hola, Sam! —le contesto a mi amigo.

Lista de compras

1 melón amarillo

6 manzanas

queso

1 taza de frijoles

leche

una docena de huevos

Le enseño a Sam la lista de lo que necesitamos.

—Dibujé las cosas de la lista —le explico a Sam.

Sam dice que le gustan mis dibujos.

—¡Gracias, Sam!

melón amarillo

Es hora de empezar a comprar. Miro la lista.

—Lo primero que necesitamos son las frutas —le digo a mamá.

—Voy a escoger un **melón amarillo** —dice mamá.

—Y yo, a buscar las manzanas —le contesto.

Necesitamos 6 manzanas rojas y jugosas.

Cuento las 6 manzanas grandes y redondas.
Las pongo en la bolsa.

—¡Ay, no!

Se me cayó una de las manzanas.

Pero Sam corre y la atrapa.

—¡Aquí está! —dice Sam, sonriente.

—¡Gracias!

Sam es muy rápido.

taza

frijoles

—Ahora necesitamos los frijoles —digo.

Mamá toma una **taza** y mide 1 taza de frijoles.

Los frijoles parecen piedrecitas de color marrón.

—Ahora nos toca buscar el queso —digo.

Veo 3 figuras diferentes en los quesos. Tomo
uno que tiene forma de triángulo.

—¡Ay, no! —exclamo, porque se me cayó el queso.

Pero Sam corre y lo atrapa.

—¡Gracias, Sam!

Sam es muy rápido.

Las figuras geométricas en la **comida**

En la clase de matemáticas puedes aprender sobre las diferentes figuras geométricas.

¿Sabías que también puedes ver esas figuras geométricas en los alimentos?

La manzana y el tomate tienen forma de círculo.

El pan se puede hacer en la forma de varias figuras geométricas.

La pizza se puede hacer en la forma de diferentes figuras geométricas. Esta tiene forma de círculo.

pizza

Una porción de esa pizza tiene forma de triángulo.

porción de pizza

—Necesitamos leche y huevos —digo.

Vamos al lugar donde están esos productos y mamá toma la botella de leche.

Miro la lista. Necesitamos una docena de huevos.

huevos

1 2 3 4 5 6
7 8 9 10 11 12

SABELOTODO

En esta caja, o cartón, hay 12 huevos. Un cartón con 12 huevos es "una docena de huevos".

Abro una caja de huevos y cuento 12.

—¡Con cuidado, no vayas a dejar caer los huevos! —dice mamá.

Yo tengo cuidado, ¡y no se me caen!

Terminamos de hacer la compra. Mamá mira la hora.

Yo también miro la hora. Es hora de irnos.

En la caja, mamá le paga a Sam.

Sam le da a mamá una bolsa.

Sam me da a mí la bolsa con los huevos.

—¡No dejes caer los huevos! —dice Sam, y sonríe.

Mamá y yo salimos del mercado.

La bolsa está muy pesada para mí.

La caja de huevos se abre. ¡Se me caen los huevos!

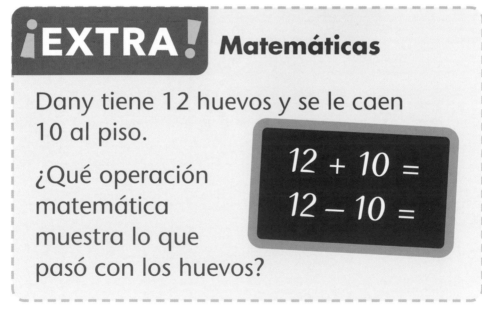

¡EXTRA! Matemáticas

Dany tiene 12 huevos y se le caen 10 al piso.

¿Qué operación matemática muestra lo que pasó con los huevos?

$$12 + 10 =$$
$$12 - 10 =$$

"¿Dónde está Sam? ¡Ahora no está aquí para ayudarme", pienso.

Hay 10 huevos rotos en el piso.

Hay 2 dos huevos en la caja.

Entonces, veo una cara sonriente que se acerca.

¡Es Sam con su delantal verde!

Sam me da otra caja de huevos.

Miro dentro de la caja y cuento 12 huevos.

Ahora tengo 14 huevos en total.

—¡Gracias, Sam! —digo sonriendo.

—¡Gracias a ustedes por comprar en mi tienda! —dice Sam.

¡A medir!

¿Qué puedes medir?

¡A medir!

¿**Qué** puedes medir?

Puedes medir la longitud de algo.

longitud

altura

Puedes medir la altura de una persona.

peso

Puedes medir el peso de algo.

¿Cómo puedes medir algo?

Puedes usar una **regla** para medir la longitud y la altura.

regla

Puedes usar una **báscula** para pesar algo.

báscula

altura distancia que hay entre la parte de arriba y la de abajo de algo

báscula aparato para medir el peso

lista grupo de palabras o números, escritos uno debajo del otro

melón amarillo fruta grande y redonda con muchas semillas

regla pieza larga, de madera, plástico o metal, que se usa para medir la longitud o la altura

taza recipiente que se usa para medir líquidos y algunos alimentos sólidos

Photography and Art Credits

All images © by Vista Higher Learning unless otherwise noted.

Cover: VHL

14: (tl) Maks Narodenko/Shutterstock; (tr) Karandaev/Fotolia; (bl) Barylo Serhii/123RF; (br) Sergii Koval/123RF; (background) JR Images/Shutterstock; (background) Udovichenko/Shutterstock; **15:** (t) Karandaev/123RF; (b) Africa Studio/Shutterstock; **24:** (t) Olga Bogatyrenko/Shutterstock; (m) Kali9/Getty Images; (b) Sergey Bezgodov/Shutterstock; **25:** (t) SmileStudio/Shutterstock; (m) Xek Phl Mathym/EyeEm/Shutterstock; (b) Sergej Razvodovskij/Shutterstock; **26:** (tl) Kali9/Getty Images; (tr) SmileStudio/Shutterstock; (b) Sergej Razvodovskij/Shutterstock.

© 2023, Vista Higher Learning, Inc.
500 Boylston Street, Suite 620
Boston, MA 02116-3736
www.vistahigherlearning.com
www.loqueleo.com/us

Dirección Creativa: José A. Blanco
Vicedirector Ejecutivo y Gerente General, K–12: Vincent Grosso
Desarrollo Editorial: Salwa Lacayo, Lisset López, Isabel C. Mendoza
Diseño: Ilana Aguirre, Radoslav Mateev, Gabriel Noreña, Verónica Suescún,
  Andrés Vanegas, Manuela Zapata
Coordinación del proyecto: Karys Acosta, Tiffany Kayes
Derechos: Jorgensen Fernandez, Annie Pickert Fuller, Kristine Janssens
Producción: Esteban Correa, Oscar Díez, Sebastián Díez, Andrés Escobar,
  Adriana Jaramillo, Daniel Lopera, Juliana Molina, Daniela Peláez, Jimena Pérez

En el mercado
ISBN: 978-1-54338-616-5

Printed in the United States of America

1 2 3 4 5 6 7 8 9 AP 28 27 26 25 24 23